Elisabeth M. Koch

STRESS SCHOCK TRAUMA

...verstehen, (an)erkennen und achtsam überwinden!

Ein Arbeitsbuch für die ersten Schritte zu mehr Wohlbefinden, Selbstbewusstsein und Intuition

STRESS
SCHOCK
TRAUMA...

... verstehen, (an)erkennen und achtsam überwinden!

Schön, dass du dir Zeit nimmst, dich mit diesem Thema zu beschäftigen.

Ich gebe zu: Stress, Schock und Trauma – das ist kein leichtes Thema, aber du wirst sehen (und ich denke, du ahnst es schon): es ist grundlegend.

Gerade deshalb habe ich versucht, alles so leicht verständlich wie möglich darzustellen.
Ich hoffe, du bekommst Lust, dich auf den Weg zu machen...

In diesem Buch nehme ich dich mit auf eine Reise ins Innere deines Körpers und in unsere gemeinsame Vergangenheit.

Ein Streifzug zu neuen, ungeahnten Möglichkeiten!

Wie jede Reise wird sie dich ein wenig verwandeln.

Ich wünsche dir Freude an den neuen Erfahrungen!

Einführung

Wundere dich bitte nicht, wenn du auf das, was du liest, reagierst:
Das Nervensystem hört und liest **immer** mit!
Alles, was du hörst oder liest, siehst oder anderweitig erlebst,
wirkt sich in deinem Körper aus.

Sofort.

Das ist so, weil wir nicht nur aus Körper, Geist und Seele **bestehen**,
sondern weil wir eine Leib-Geist-Seele-**Einheit sind**.

Jeder dieser Anteile ist also untrennbar mit den anderen verbunden.
Sie reagieren wechselseitig aufeinander.
Und auf die Umgebung.

In jedem Augenblick.

Übung:

Um diese Einheit ganz bewusst zu erleben…
…stell dir bitte einmal vor (und lass dir dabei Zeit)…

wie du auf einem Wochenmarkt (vielleicht an deinem Lieblings-Urlaubs-Ort?)
gemütlich zwischen den Ständen mit frischem Obst und Gemüse schlenderst.
Du suchst eine Zitrone für ein erfrischendes Getränk.

An einem der Stände siehst du einen großen Turm erntefrischer Zitronen.
Von den vielen reifen Früchten fällt dir sofort eine besonders schöne auf.
Was macht diese Zitrone so schön?
Ihre Farbe? Ihre Größe?

Du kaufst „deine" Zitrone und nimmst sie in die Hand.

Dann betrachte diese schöne Zitrone von allen Seiten.
….
Spüre ihre Oberfläche in deinen Händen.
…

Wenn du dich an ihr sattgesehen hast,
…schneide sie in Gedanken in zwei Hälften.
…
Betrachte die Zitronenhälften genau,
…
die Trennwände, das Glitzern des sauren Saftes…
…
drücke die Zitrone erst leicht, damit noch ein wenig mehr Flüssigkeit austritt
…
und dann drücke kräftig, so dass der Saft richtig herausläuft.
…
Siehst du es tropfen?

Vielleicht möchtest du kurz deine Augen schließen und ein wenig bei dem Bild verweilen?

Welche Auswirkungen hat diese Vorstellung auf dich?

Bei vielen Menschen läuft dabei „das Wasser im Mund zusammen":
Die Gesichts- und Kiefermuskeln ziehen sich zusammen,
der Speichel fängt an zu fließen…

Merkst du, wie unsere Sinne mit Allem im Körper zusammenarbeiten?

Und das nur, weil du etwas liest – und dir etwas vorstellst!

Das Lesen wirkt sich auf deine Gedanken, deine Vorstellung und Erinnerung aus,
auf deine Gesichtsmuskulatur, die Speicheldrüsen usw.

So funktioniert dein Körper mit seinem Gedächtnis und all seinen Sinnen.

Deshalb kann es sein, dass du während des Lesens einmal schmunzeln musst
oder den Atem anhältst.
Und sei keinesfalls beunruhigt, wenn dein Herz klopft oder der Brustkorb eng wird etc.

Wenn du dergleichen bemerkst, weißt du, dass dein Körpergedächtnis arbeitet!

Wenn dir die Empfindungen unangenehm sind,
mach bitte eine Pause, leg das Büchlein zur Seite.
Nimm einen tiefen Atemzug oder geh` an die frische Luft.

Oder mach eine der Übungen, die zwischendurch beschrieben sind.

Erst, wenn du wieder richtig Lust darauf hast, weiterzulesen, lies weiter.

Unser Nervensystem – unsere Steuerung

Was sind nun eigentlich „die Nerven"?

Häufig hören wir, wenn wir Beschwerden haben, die sich nicht „rational" erklären lassen oder wenn bei Röntgenuntersuchungen, Spiegelungen keine Organveränderungen (Ablagerungen, Geschwüre, Geschwülste etc.) gefunden werden, diese Beschwerden
seien „nur nervös" – z. B. nervöser Darm, Blase, Magen usw.
Als Patienten sind wir dann „nicht organisch krank".

Nun setzen Menschen die Diagnose „nur nervös" oder „nicht organisch krank" aber oft gleich mit: „Das bilde ich mir nur ein". Oder mit: „Wenn ich nur wirklich wollte, ginge es mir besser…" oder, oder…

Was „hat" eigentlich ein Mensch, wenn er „nicht organisch krank" ist?

Das Problem ist doch: Dieser Mensch fühlt sich krank.
Er hat solches Herzklopfen - und das oft zu den unpassendsten Zeiten.
Oder Ängste, regelrechte Attacken…
Oder Magenschmerzen, oder Schlafstörungen … oder…

Deshalb ist er ja zum Arzt gegangen.

Mit den Erklärungen „nicht organisch krank" oder „nur nervös" fühlen sich Menschen mit ihren Beschwerden häufig allein gelassen oder verunsichert.

Da Probleme da sind, die nicht auf Organveränderungen zurückzuführen sind, müssen wir anerkennen, dass es etwas anderes geben muss, das die Beschwerden verursacht.

Es lohnt sich, wenn wir in solch einer Situation einmal das Organ betrachten, das alle unsere anderen Organe steuert:

Unser Nervensystem.

Unser Nervensystem – das verzweigte Organ

Unser Nervensystem ist ein echtes Körperorgan.

Auf dem Bild sind die großen Strukturen ganz klar zu erkennen:
- Zentrales Nervensystem (Gehirn, Rückenmark)
- Peripheres Nervensystem (alle anderen „Nerven")

Zum Vergleich:
Der Nervus ischiadicus (Nervenbahn im Oberschenkel) ist an der dicksten Stelle z. B. so dick wie der Daumen „seines" Menschen.

Wir sehen auf dem Bild die Nervenstränge des Rückenmarks und das Gehirn sowie die größten peripheren Nervenbahnen.

Dann hat jeder Mensch auch noch Sinnesorgane, wie Augen, Ohren, Zunge, Nase und Haut.

Was auf diesem Bild nicht mehr zu erkennen ist, weil man es in diesem Vergleich nicht darstellen kann:

Nervenstränge sind Bündel aus unzähligen einzelnen Nervenzellen (Neuronen) mit ihren „Ausläufern" (Axone).

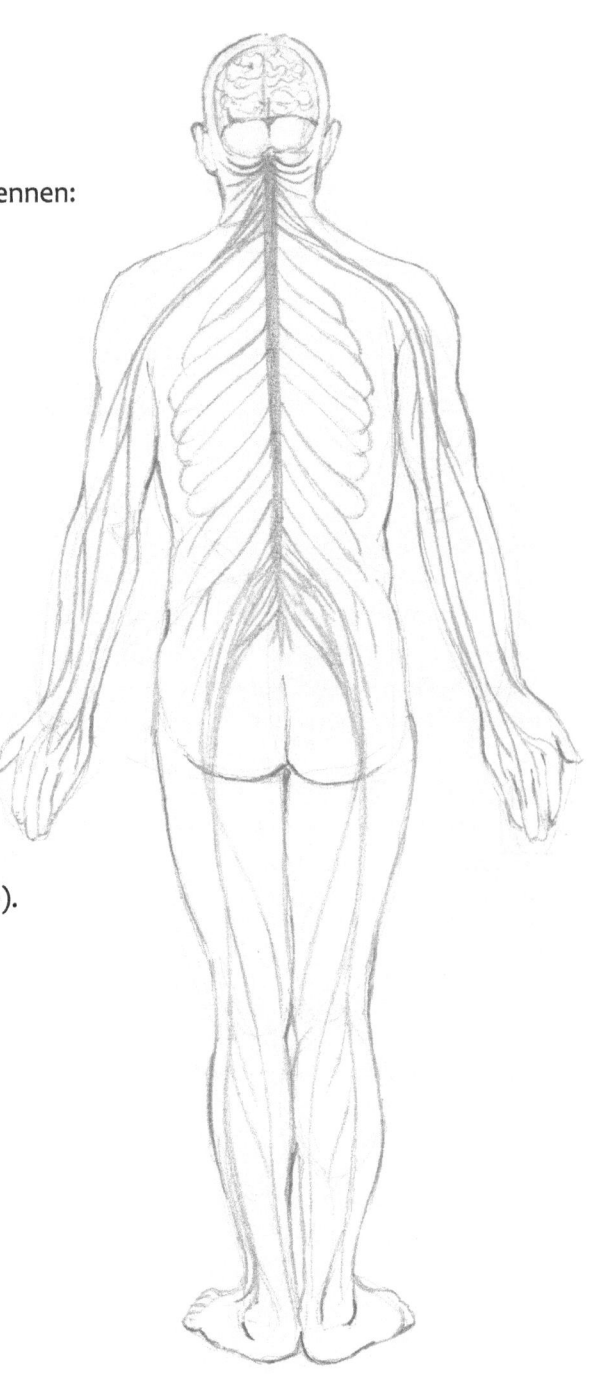

Die Nervenzelle

Diese Nervenstränge teilen und verzweigen sich dann - immer weiter.
So weit, bis letztendlich **jede einzelne** Körperzelle an dieses große Steuerungssystem angeschlossen ist.

Hast du gewusst, dass wir in uns ca. 100 Milliarden Nervenzellen haben?
Manche Axone können eine Länge von einem Meter erreichen! Würden wir alle Nervenzellen eines Menschen aneinanderreihen, hätten sie eine Länge von etwa 380 000 Kilometern – also die Strecke von der Erde zum Mond (einfach).
An jeder einzelnen dieser Neuronen kommen bis zu
10 000 Verbindungen anderer Nervenzellen an!
100 Milliarden mal 10 000 Verbindungen… wir brauchen gar nicht zu rechnen – es sind richtig, richtig viele Verknüpfungen.

Unser Nervensystem ist ein dichtes Geflecht in unserem Körper. Von den Haarwurzeln über die Nasen-, Finger- bis zu den Zehenspitzen.

Die Übergänge der Nervenzellen zu anderen Zellen nennen sich „Synapsen". An diesen schier unendlich vielen Synapsen passiert übrigens „Lernen":
Die Verbindungen ändern sich – je nachdem ob wir sie nutzen oder nicht.
Bei Benutzung verstärken sie sich und bei Nicht-Benutzung bauen sie sich wieder ab (wie ein Muskel, der nicht genutzt wird).

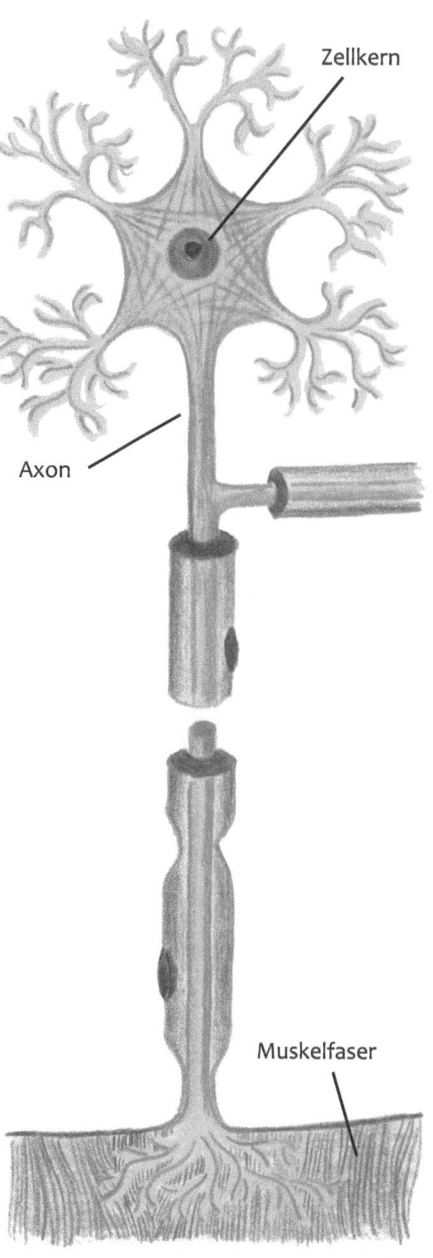

Unser Nervensystem – ein Tausendsassa

Unser Nervensystem kann

- Reize aufnehmen ➤ Sinnesorgane, Sinneszellen, manche Nervenzellen
- „Erregung" = Spannung bilden ➤ Nervenzellen
- diese Erregung weiterleiten ➤ Nervenzellen: -Leitbahnen, -Endigungen, Synapsen
- und verarbeiten ➤ Zellen im zentralen Nervensystem, Gehirn
- Reize beantworten ➤ Leitbahnen, Synapsen zu den End-Organen (Muskeln, Drüsen usw.)

Unser Nervensystem regelt so bewusste und unbewusste Bewegungen, Emotionen aber auch alle Vitalfunktionen unseres Körpers wie Atmung, Verdauung, Stoffwechsel, Wasserhaushalt, Hormonausschüttung, Herzschlag!

Es durchzieht **alle** Strukturen unseres Körpers.
Es ist unser Steuer- und Regelungsorgan.

Da geht **nichts** von alleine. Oder besser gesagt, damit all das in unserem Körper **gefühlt** wie von alleine geht, braucht es unser Nervensystem.

Wenn irgendetwas nicht „normal" abläuft, sollten wir also **immer** auch an unser Steuerorgan denken.

Dieses – im Körper verteilte - Steuerorgan hat natürlich seine eigenen Gesetzmäßigkeiten. Gesetzmäßigkeiten, denen die Wissenschaften des Nervensystems (Neurowissenschaften) in den letzten Jahren nach und nach auf die Spur kommen.

Unser Nervensystem – wie hat es sich entwickelt?

Dazu fange ich von vorne an:

Vor Jahrmilliarden war unsere Erde ein unbewohnter Planet.

Nach einer gewissen Zeit haben sich dann Zellen entwickelt:
Einzellige Lebewesen - anfangs ohne, später mit Zellkern.

Jede Zelle ist ein Universum für sich.

Diese Zellen haben sich zusammengeschlossen, sie haben sich auf bestimmte Aufgaben spezialisiert und Arbeitsteilung betrieben.
Die Zellen haben kooperiert.

Über die Jahrmillionen entwickelten sich immer kompliziertere Organismen.
Ebenso hat sich in dieser Zeit natürlich auch eine Steuerung dieser Zellen, Zellverbände und Lebewesen herausgebildet.

Aufgabe der Steuerung waren u. a. der Schutz und das Überleben des Organismus bei drohender Gefahr.

Unser Nervensystem – ein genialer Schutzmechanismus

Der einfachste und urälteste Mechanismus (weit über 500 Mio. Jahre alt) als Reaktion auf Gefahr war ein Herunterfahren oder **„Abschalten"**.

Bringt man einen Einzeller in Gefahr (= Stress), so zieht er sich zusammen.
Die Angriffsfläche wird so verkleinert und Energie gespart - bei gleichzeitiger Aufrechterhaltung des Stoffwechsels.
Die Zelle geht sozusagen in den Sparmodus.
Ziel dieses Abschaltens ist das Überleben einer Gefahr: Die in der Zelle vorhandenen Strukturen können so trotz Lebensbedrohung weiter funktionieren.

Wenn die Gefahr vorüber ist, kehrt die Funktionsfähigkeit zurück, die Zelle dehnt sich wieder aus und nimmt ihre natürliche Bewegung wieder auf: wie ein Lebenspuls.

Mit der Zeit entwickelte sich dieses Schutz-System weiter und wurde immer komplexer, entsprechend dem Organismus, den es zu steuern hatte.

So bewegt sich alles Leben in diesem Puls zwischen zwei Polen:
Ausdehnen und Sich-zusammenziehen, Expansion und Kontraktion.

Flucht und Kampf

Im Laufe der Evolution entstand dann das Reptiliengehirn.

Dieses Reptiliengehirn **mobilisiert** seit über 300 Millionen Jahren bei Gefahr Energie:
Die reflexartigen Reaktionen **Flüchten** oder **Kämpfen.**

Die meisten von uns kennen den Begriff „Flucht- oder Kampfreflex", zwei seit Jahrmillionen bewährte Strategien um das Überleben zu sichern.
Dieses System von „Flucht oder Kampf" ist entwicklungsgeschichtlich ein jüngeres Abwehrsystem als das „Abschalten".

Wenn diese Strategien des Flüchtens oder Kämpfens nicht greifen, weil beides behindert wird, geht der Körper wieder über auf die ältere Überlebensfunktion: Das Abschalten.
Bei einem komplexen Körper zeigt sich das als Starre oder Immobilitätsreaktion.

Erst viel später in der Geschichte entwickelten sich nach den Reptilien auch Vögel und Säugetiere mit ihren komplexeren Gehirnen.

Vögel und Säugetiere betreiben im Gegensatz zu Reptilien Brutpflege.
Sie pflegen ihre Jungen und sorgen für sie - bis hin zum Säugen bzw. „Stillen".
Sie können sich stimmlich und evtl. auch mimisch Gefahr oder sogar Emotionen mitteilen.

Viele von uns kennen aufgeregt klingende Warnrufe von Vögeln, wenn sich Katzen in der Nähe befinden z. B. - oder das aufgeregte (oder wütende?) Bellen von Hunden, wenn das Revier (= sicherer Bereich, der für das Überleben notwendig ist) verletzt wird.
Vielleicht fallen dir noch andere Beispiele ein?

Unser Gehirn – ein dreieiniges Organ

Dazu zeige ich dir eine schematische Darstellung unseres Gehirns.

Paul McLeans Modell vom dreieinigen Gehirn *

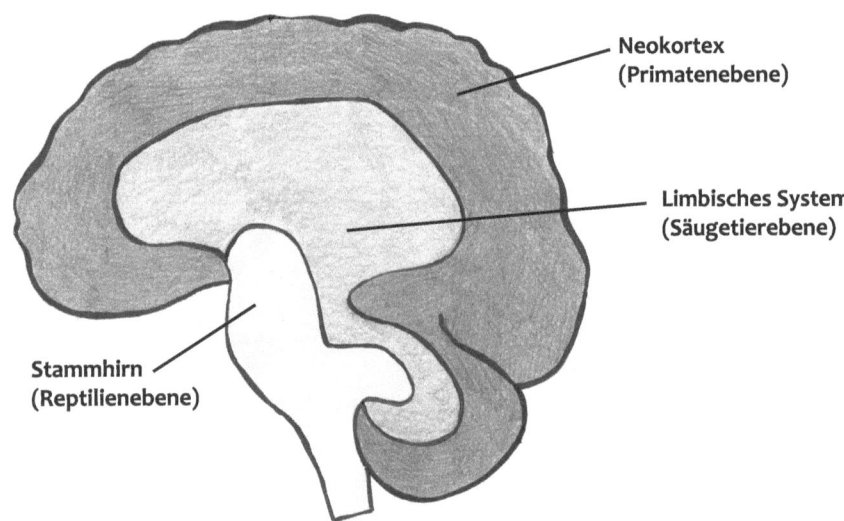

Auf diesem Bild ist unsere Steuerzentrale, das Gehirn abgebildet.
An dieser Abbildung kann man auch die Evolutionsgeschichte sehr gut sehen.

Der älteste Anteil unseres Gehirns ist das Stammhirn – das in ähnlicher Weise auch in den Köpfen von Krokodilen vorhanden ist (oder bei Dinosauriern vorhanden war) und deshalb auch heute noch Reptiliengehirn genannt wird.

Mit dem Stammhirn entwickelten sich die oben erklärten Überlebens-Mechanismen, die sehr erfolgreich waren.

Erst danach entstand das limbische System und sehr viel später unser menschliches Großhirn.

Aber seit Anbeginn des Lebens entwickelten die Lebewesen erfolgreiche Strategien, sich bei Gefahr abzusichern und am Leben zu bleiben.

* Quelle: „Sprache ohne Worte", Peter Levine, Kösel-Verlag 2011

Zwischendurch: „Übung" Recken Strecken

Wann hast du dich eigentlich das letzte Mal …
… gereckt…
… gestreckt…

oder wann hast du zum letzten Mal

… herzhaft gegähnt…

… gebrummt…
… geseufzt…
… gesummt… ?

Ist es schon länger her als **15 Minuten**?

Dann ist es höchste Zeit, sich dafür Zeit zu nehmen!

Denke an eine Katze.
Was macht sie, wenn es ihr gut geht?
Jaaa, genau – sie streeeckt siiich!
Und: Sie gääähnt!

Du weißt bestimmt, dass Gähnen ansteckend ist.
Das ist ganz klar, denn jeder Körper wartet darauf.

Gähnen hilft dem Körper, Spannung loszuwerden, zu **ent-spannen**:

Gesichts- und Kaumuskeln dehnen sich, die Kiefergelenke werden gelockert,
Speichel- und Tränenabsonderung kommt in Fluss.

Kennst du das: Gähnen, bis die Augen tränen?

Das ist eine der einfachsten Gesundheitsübungen!
Sie kostet keinen Cent, nur ein Drandenken…

Unser Nervensystem – wie ist es aufgebaut?

Um unser Nervensystem besser zu verstehen, hilft es dir vielleicht, es ein wenig zu strukturieren. Natürlich ist unsere Steuerung in Wirklichkeit sehr viel komplexer. Aber um es begreifbar zu machen, erlaube ich mir, es zu vereinfachen.

Wie du gesehen hast, kann das Nervensystem in zwei Anteile gegliedert werden:
Zentrales Nervensystem (ZNS) und peripheres Nervensystem (PNS).

Eine andere Einteilung bezieht sich darauf, welche Bereiche des Nervensystems vom Verstand bewusst (willentlich) beeinflusst werden können – oder eben nicht: Diese beiden Hauptkomponenten nennen wir „willkürliches Nervensystem" und „unwillkürliches Nervensystem".
Der vom Willen nicht unmittelbar beeinflussbare Anteil (unwillkürliches NS) wird auch autonomes bzw. vegetatives Nervensystem (kurz „Vegetativum") genannt.
Auch dieses unwillkürliche Nervensystem besteht wiederum aus 2 großen Partnern die sich perfekt ergänzen: Sympathikus und Parasympathikus (auch „Vagus" genannt).

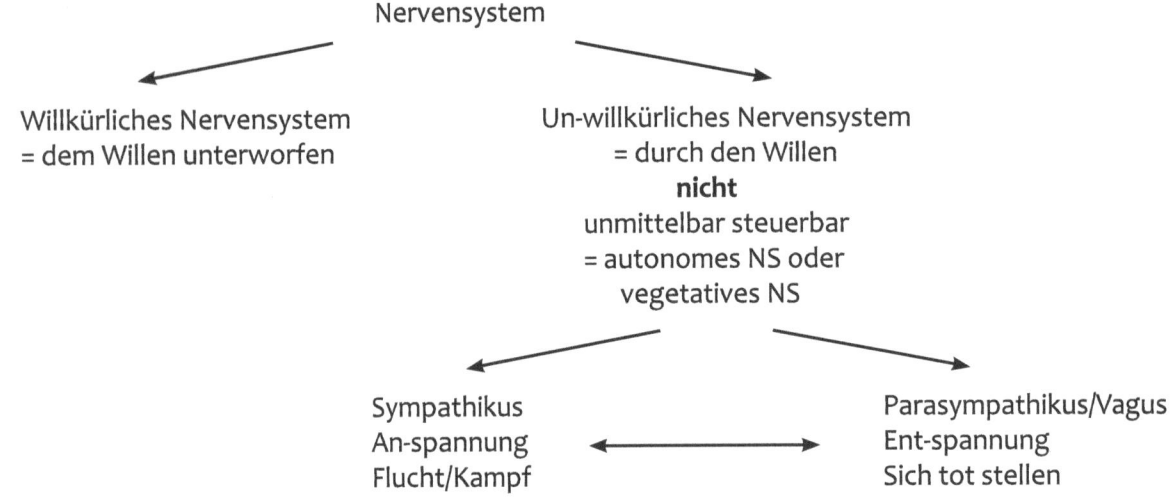

Das autonome/vegetative/unwillkürliche Nervensystem arbeitet aufs Engste mit unserem Hormonsystem zusammen. Diese Funktionseinheit wird auch als „Autonomes System" bezeichnet.

Der Stress mit dem Stress

„Stress", ein Wort, das wir heute häufig gebrauchen, geht auf uralte Verhaltensmuster zurück, die mit der Situation von Bedrohung gekoppelt sind.

Die Bedrohungen gestalten sich heutzutage natürlich anders als vor Jahrmillionen!
Heute ist es nicht mehr der Säbelzahntiger, sondern vielleicht ein hupendes Auto oder vieles andere, das uns in Stress versetzt.

Dennoch reagiert unser Körper heute noch bei Bedrohung nach diesen uralten Verhaltensmustern. Diese Muster waren über Millionen von Jahren sehr erfolgreich und haben ihren Kern in unseren ältesten Hirnbereichen. Deshalb laufen sie reflexartig ab und sind un-willkürlich, d. h. mit dem Verstand nicht direkt steuerbar!

Es sind: Flucht oder Kampf, die du bereits als Überlebensstrategien kennen gelernt hast.

Für diesen Flucht- oder Kampf"reflex" stellt der Körper große, ja **riesige Mengen an Energie** zur Verfügung, denn **sie sollen erfolgreich sein**!
Diese Reaktionen sollen dem Wesen ja helfen, zu überleben!

Wenn die Mechanismen Flucht oder Kampf nicht zu Ende geführt werden (können), übernehmen noch ältere Bereiche unserer Steuerung die Führung.
Der Körper geht dann über in das dritte Überlebensmuster:
Sich tot stellen („Abschalten", Sparmodus) bzw. Immobilität.

Ein Anschauungsbeispiel

Wenn möglich, schau dir das Youtube-Video „**freeze response when a possum is playing dead**" an:

Zwei Kojoten untersuchen schnüffelnd den Uferbereich eines Flusses. Einer der beiden spürt etwas scheinbar Interessantes auf: Dort in der Böschung ist eine Höhle versteckt! Er verweilt ruhelos vor dem Loch. Der Geruch! Plötzlich kommt unerwartet Bewegung in seinen gespannten Körper! Er holt etwas aus der Höhle heraus. Und schüttelt es sehr heftig!

Der Kojote dreht sich um – er hat ein Opossum in seinem Maul! Nun legt er es auf den trockenen Steinen am Rand des Bachbettes ab und beschnuppert es.
Es ist „mausetot". Totgeschüttelt?
Der Kojote schnüffelt und verliert offenbar die Lust an dem toten Tier. Er wendet sich ab.

Nun sehen wir das bewegungslose Tierchen in der Nahaufnahme. Das Gesicht ist starr: Der Mund steht offen – ebenso die Augen. Eine Fliege krabbelt auf den reglosen, steifen Lefzen.

Doch wer genau hinsieht, kann Atemzüge erkennen: Der Brustkorb hebt und senkt sich, vor der Nase bildet sich eine Blase aus Sekret. Das Opossum lebt! Es sieht nur tot aus – völlig starr.
Starr vor Schreck?

Die beiden Kojoten beschnüffeln noch ein wenig die Umgebung und ziehen dann weiter.
Sie springen über die Böschung und hüpfen leichtfüßig in Richtung Wald davon.

Und was passiert? In dem erstarrten Opossum regt sich Leben!
Das gespannte Gesicht lockert sich, das Opossum schließt sein Maul und dreht den Kopf.
Die Atmung ist ganz tief und bewegt das gesamte Tier. Langsam, ganz langsam dreht es den Kopf von einer Seite zur anderen, als ob es sich orientiert - und dann tappt es von dannen.

In diesem Video sehen wir, wie der uralte unbewusste Mechanismus des Abschaltens, oder „Sich tot stellen" offensichtlich **Leben rettet!**
Im Amerikanischen Sprachgebrauch heißt „sich tot stellen" übrigens „playing possum".
Der Totstell-Modus ist als dritter Überlebensmodus auch eine segensreiche Einrichtung der Natur. Segensreich ist sie deshalb, weil in diesem dritten Überlebens-Muster **Schmerzen ausgeschaltet**, bzw. **stark eingeschränkt** werden.

Ein weiteres Beispiel für die Schockstarre:

Youtube-Video "110 km/h cheetah attack gazelle" (nur die erste Minute)

Geparden in der Savanne.
In ihrem geschmeidigen Gang durchstreifen sie das Gelände, gähnen, ducken sich lauernd – und verfolgen dann eine Antilope!
Ihrem geschmeidigen Lauf sehen wir an, wie unheimlich viel Energie in ihren Körpern stecken muss.
Wie der Rumpf sich scheinbar ruhig hält, obwohl die Beine den Körper auf eine Geschwindigkeit um die 100 km/h beschleunigen.
Der Schwanz fungiert wie ein Ausgleichs-Steuer in dieser rasenden Jagd...
...und zur gleichen Zeit beobachtet ein Artgenosse in vollkommener Gelassenheit das Schauspiel.

In einer nächsten Szene sieht man einen dieser eleganten Jäger in vollem Lauf:
Er rast auf eine Gruppe ruhender Gazellen zu.
Sie schrecken hoch und suchen das Weite.

Auch an ihren Bewegungen fasziniert die geschmeidige Eleganz.

Nun kommt plötzlich der blitzschnelle Gepard hinter den flüchtenden Antilopen ins Blickfeld.
Sofort wird klar: Hier geht es um Leben und Tod!

In unglaublich wendigen Ausweichmanövern versucht die verfolgte Antilope zu entkommen!

Im aufgewirbelten Staub ist es für uns schwierig, die Verfolgungsjagd nachzuvollziehen.
Aber bald bekommen wir einen freien Blick auf eine Szene, wie sie sich auf der ganzen Erde jeden Tag vielfach ähnlich abspielt:

Der Angreifer erreicht sein Opfer.

Doch **noch ehe** der Verfolger die Antilope **richtig** berührt hat, fällt sie - fast wie betäubt - zu Boden!
Sie überschlägt sich mehrmals und purzelt dem Gepard sozusagen direkt in die Fänge!

Erst, als der Gepard die fallende Antilope erreicht, setzt er vermutlich zum Biss in den Hals an, der das Fluchttier tötet.

Flucht, Kampf und Totstellreflex – segensreiche Einrichtungen der Natur

Vielleicht bist du betroffen angesichts dieser im Grunde unglaublich weisen Einrichtung der Natur.

Flucht-, Kampf- und Totstell-Reflex als Abwehr-Mechanismen sind geniale unbewusste Fähigkeiten unseres Körpers: **Sie retten Leben.**
Und wenn das nicht möglich ist, **bewahren** sie das verletzte Tier **vor Schmerz**.

Du kennst es vielleicht aus deinem Leben: Im Schock spüren wir keine oder wenig Schmerzen.

Und wie wir erfahren haben, kommen die Zellen nach einer gewissen Zeit wieder in die natürliche Beweglichkeit und Ausdehnung zurück.

Dabei wird die immense, für Flucht und Kampf zur Verfügung gestellte (und im Totstellmodus im Körper gespeicherte) Energie verbraucht.

Ein Hase wird z. B. nach erfolgreicher Flucht so lange noch weiter laufen, springen und Haken schlagen, bis die überschüssige Energie gänzlich verbraucht ist.
Erst dann kommt die Entspannung (und Ruhe) von selbst.

So wird dieser angestoßene lebensrettende Abwehr-Mechanismus zu Ende geführt.
Danach sind auch Schlaf oder Nahrungsaufnahme wieder ungestört möglich.

Alle Wesen, die keinen Verstand einsetzen, leben ganz selbstverständlich mit diesen unbewussten Mechanismen.
Sie lassen sie ablaufen – bis zum Ende.
Überschüssige Energie wird verbraucht.

Sie wird verarbeitet. Im wahrsten Sinn des Wortes.

Häufig sind es auch gar keine so großen Bewegungen, die der Körper machen muss, um die Energie zu verbrauchen.
Eine Idee für diese Bewegungen bekommst du bei den einfachen und gerade deshalb so wirkungsvollen „Übungen" in diesem Buch!

Und auch das folgende Anschauungsbeispiel macht Energie-Entladung deutlich.

Ein Youtube-Video zum Thema Energie-Entladung:

„Der zitternde Eisbär" (Youtube: "Trauma bear" oder „Polar bear tremoring")

Dieser Film beginnt mit einer Helikopter-Luftaufnahme aus der Arktis:
Ein Eisbär steigt aus einem Loch und läuft weg.
In der nächsten Szene wird klar, dass der Instinkt des Eisbären Recht behält:
Im Hubschrauber bereitet sich ein Mann vor, den Eisbären mit einem Gewehr zu betäuben.
Wir können die Verfolgung beobachten: Der Eisbär, der in der Natur keine natürlichen Feinde hat, versucht vor dem lärmenden Hubschrauber zu fliehen.
Immer wieder sieht er sich um.
Sieht er sich um, um sich zu orientieren: Woher kommt dieser Lärm, woher kommt die Gefahr?
Wahrscheinlich, denn entsprechend passt er die Richtung seiner Flucht an.

Aber der Helikopter ist schneller.
Der Mann im Bauch des lauten Vogels rüstet sich zum Abschuss.

In der nächsten Szene sehen wir den betäubten Eisbären am Boden liegen.
Männer untersuchen seine mächtigen Pranken und sein furchteinflößendes Gebiss.

In der darauf folgenden Sequenz liegt der Eisbär auf dem Rücken.
Er hat sein Maul geöffnet, macht tiefe Atemzüge und zuckt scheinbar unkontrolliert am ganzen Körper.

Dann geht der Film in eine Zeitlupenaufnahme über:
Hier sehen wir das Schütteln des Bären noch einmal: Es sieht beinahe so aus, als ob er Laufbewegungen machen würde – und dazwischen sein Maul aufreißt.

Danach beruhigen sich die Bewegungen zu einem feineren Zittern am ganzen Körper.
Schließlich macht der Eisbär tiefe Atemzüge und öffnet die Augen.
Offenbar erwacht er aus der Narkose.

Viele Biologen, Veterinäre und Tierpfleger wissen, dass Schüttel- und Zitterbewegungen
(wie beim Aufwachen des Eisbären) der Entladung der überschüssigen Fluchtenergie dienen.
Der Bär konnte seine für die Flucht mobilisierte Energie nicht verbrauchen, weil die Flucht durch die Betäubung unterbrochen wurde.
So hilft sich die Natur selbst und bringt angefangene Abläufe zum Abschluss.

Zwischendurch: „Übung" Pferdeschnauben, Grimassen schneiden

Hast du es schon einmal probiert?

Bestimmt. Aber wahrscheinlich ist es schon längere Zeit her:

Schnauben wie ein Pferd:

Lass deinen Unterkiefer etwas hängen, die Lippen locker und blase die Luft aus.
Je lockerer du die Lippen lassen kannst umso besser gelingt das Schnauben.

Pferde machen es gerne, wenn sie in einer Situation sind, die ihnen behagt:
Sie strecken den Hals und schütteln den Kopf dazu (abblasen oder abschnauben nennen das die Reiter).

Oft begleitet das Abblasen noch ein Hochrecken der Oberlippe.

Kannst du das auch?
Deine Oberlippe nach vorne-oben ziehen wie ein Pferd?

Wann hast du das letzte Mal…
…geprustet…
… Grimassen geschnitten?
   (Lustig ist es mit anderen gemeinsam – oder alleine: Vor dem Spiegel…
    … als Kinder wussten wir das noch!)

Probieren geht über studieren!

Oder: Wie oft streckst du dir selbst die Zunge heraus?

Vielleicht magst du dir auch mit den Händen über die Wangen und die Stirne streichen oder über deinen Kopf, durch deine Haare fahren?
Gaaanz laaangsam?

Wenn du dir Zeit nimmst, können diese Bewegungen in ein Massieren übergehen.
Dein Körper – mit seinem Steuerorgan Nervensystem - kann sich entspannen!

An-Spannung ? = Kraft, Lebensenergie!

Ähnlich wie der Körper eines Eisbären funktionieren alle Körper höherer Lebewesen
– auch der Körper eines Menschen:
Die Kraft, die der Körper für seine Flucht oder einen Kampf mobilisiert, muss verbraucht werden.
Sie muss sich ent-laden.

Beim Menschen gestaltet sich der komplette Ablauf der Reaktionsmechanismen bis hin zur Entladung
allerdings schwieriger als beim Tier, das sich instinktiv verhält.
Häufig behindern wir Menschen **unbewusst und unbeabsichtigt** das Abarbeiten dieser überschüssigen
Flucht- und Kampfenergie.

So bleibt diese Kraft im Körper - im Nervensystem - bestehen.
Der Körper verhält sich dann so, als würde die Bedrohung weiter existieren!

Er steht unter Spannung, und das häufig monate- oder sogar jahrelang.

Erregungskurven: Sympathikus oder Parasympathikus/Vagus?

Unsere Erregung wird vom vegetativen Nervensystem gesteuert:

Der Sympathikus „fährt" Energie, Spannung, Erregung „hoch":
Der Sympathikus aktiviert, er sorgt für die nötige „An-spannung".

Der Parasympathikus/Vagus „fährt" Energie, Spannung, Erregung „herunter":
Das führt zu Ent-spannung".

Diese beiden Anteile ergänzen sich: Je nach Situation und Tages- oder Nachtzeit ist vermehrt der Sympathikus (tagsüber) oder der Parasympathikus (nachts) aktiv. Und auch dann gibt es Situationen, die stärker den anspannenden oder den entspannenden Teil ansprechen.

Man spricht auch von „sympathikotoner" oder „parasympathikotoner/vagotoner Reaktion" – also von einem eher angespannten oder eher entspannten Zustand, der auch ständig wechselt.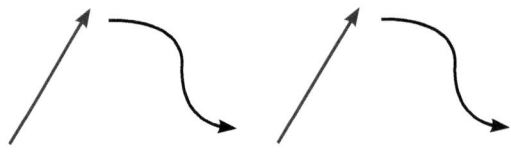

Hier können wir die Verbindung herstellen mit dem Lebenspuls: Anspannen – Entspannen, Kontraktion – Expansion.

Und weiter: Tag und Nacht, Auf und Ab…

Die Erregungshöhe ist variabel

Je nach Grad der subjektiven Bedrohung bzw. Anspannung kann auch die Höhe der Aktivierung variieren.

Auf einer Erregungs-Skala von 0 – 10 entspricht 0 einem völlig entspannten Zustand und 10 einem Zustand höchster Erregung.

Der „grüne" Bereich deckt sich mit der Aktivierung von etwa 0 bis 7: Die Erregung ist gering bis höher, kann vom Nervensystem des Betroffenen aber spontan und gut ausgeglichen werden:
Es ist – wie man so schön sagt - alles im grünen Bereich!

Im „roten" Bereich zwischen 8 und 10 herrscht Hochspannung! Der Ausgleich ist in dieser Situation schwer bzw. gar nicht möglich.

Wenn er sich im roten Bereich befindet, braucht der Körper viel Zeit und eine entsprechend wohltuende Umgebung, um sich gut regenerieren zu können. Je länger die überlastende Situation ohne Regenerationsphase andauert, umso schwerer fällt es dem Körper, wieder in den grünen Bereich zu gelangen.

Steht diese Regenerationszeit und –Situation nicht zur Verfügung, bleibt die einmal aktivierte Erregung bestehen.

Wenn dieser aktivierte Zustand lange andauert, ist der Zusammenhang mit dem auslösenden Faktor für den Verstand sehr oft nicht mehr nachvollziehbar.

Stress – Schock – Trauma

Ähnliches wie bei lang anhaltenden überlastenden Situationen passiert natürlich bei der Erregung durch ein **plötzliches (unerwartetes) überwältigendes Ereignis (= Schock)**
- ein Autounfall (auch kleinere Blechschäden) oder ein Sturz,
- eine Todesnachricht,
- eine Trennungsankündigung,
- die Mitteilung einer schweren Diagnose etc.

Vielleicht hast du eine dieser Situationen schon an dir selbst oder bei anderen miterlebt?

Hier geht die Aktivierung in Sekundenbruchteilen in Bereiche jenseits von „7".

Dabei ist es **nicht** von Belang, wie **heftig** das Ereignis verstandesgemäß ist, sondern wie groß der augenblickliche Faktor der Überwältigung, wie groß die Irritation ist.
Es genügen Sekundenbruchteile, um das Nervensystem zu schockieren.

Es muss also kein Tsunami, Erdbeben oder Bombenangriff sein, um ein Nervensystem in den „Totstellmodus" zu bringen. Es genügt für manche Menschen eine Maus!
Alles, was in dem Augenblick **zu viel, zu schnell und zu heftig** für das System ist, überfordert unsere unmittelbaren Abwehr- und Ausgleichs-Mechanismen.

Besonders, wenn das System des betroffenen Menschen
- sehr empfindlich ist, z. B. in den ersten Lebensjahren oder
- bereits vorbelastet ist, z. B. durch lange andauernden Stress oder häufigere (auch kleinere) Schrecksituationen,

kann es sein, dass es durch einen kleinen Ausrutscher oder alltägliches Erschrecken in den „Totstell-Modus", auch Immobilität oder landläufig „Schockstarre" genannt, gerät.

Das „playing possum" oder Totstellen ist auch nicht das eigentliche Problem.
Dieser Mechanismus ist uralt und hat seinen instinktiven Ablauf.
Das Problem ist beim Menschen das **Anhalten** dieses Zustandes.

Der Totstell-Modus, der sich in Erstarren ausdrückt, geht oft mit Ohnmachtsgefühlen einher. Er muss auch nicht den ganzen Körper betreffen: Die Immobilität kann auch auf bestimmte Bereiche und Teile des Körpers oder der Wahrnehmung beschränkt bleiben.

Der Mensch – ein hochentwickeltes tierisches Wesen

Unser menschlicher Körper ist in der Reaktion auf Bedrohungen dem Körper eines Säugetieres sehr ähnlich.

Tierhalter kennen das Verhalten ihrer Schützlinge bei tierärztlichen Eingriffen oder einer Operation: Ein Tier würde sich **niemals freiwillig** solch einer Situation aussetzen.
Es würde schreien, flüchten oder sich durch Kratzen, Beißen usw. aus der Situation zu befreien versuchen. Es entwickelt für diesen Kampf oder seine Flucht erstaunliche Kräfte.

Unser **menschlicher Körper** reagiert zwar wie der Körper eines Tieres auf Bedrohungen mit dem Flucht- oder Kampfreflex (mit Herzklopfen, Speichelfluss, Muskelanspannung und Mundtrockenheit oder Beißreflex z. B.) – wird aber meist vom **Verstand** diszipliniert.

Wir kennen alle Sätze und Gedanken wie:

„Ist ja schon wieder vorbei"… "du brauchst nicht (mehr) zu weinen"
„hat mich jemand gesehen?"
„das hilft jetzt nichts"
„Augen zu und durch"

oder auch „stell dich nicht so an", „du musst jetzt ganz stark sein" usw. usw.?

Solche und ähnliche, oft wohlgemeinte Sätze behindern den Körper in seiner natürlichen Funktion.

Die durch die - echte oder auch vermeintliche - Gefahrensituation in Sekundenbruchteilen hervorgerufene immense körperliche Kraft muss wieder verarbeitet werden.
Der Körper muss sie in Bewegung bringen – und zwar so lange, bis sie verbraucht ist.
Dann kehrt wieder Ruhe ein.

Durch die verstandesmäßige Disziplinierung wird diese Verarbeitung verhindert.
Eine Regeneration wird so blockiert.

Dieser Blockadeimpuls – so alltäglich er auch ist – kann fatale Folgen für unser Nervensystem haben.

Die Blockade – die Symptome

Die Blockade kann zu anhaltenden Symptomen führen, z. B.

- leichte Erregbarkeit (schnell auf „180")
- Schreckhaftigkeit
- Ruhelosigkeit, Zappeligkeit
- Überwachsamkeit, übermäßige Empfindlichkeit auf Eindrücke
- Ängste, Schlafstörungen
- Herzrasen, Herzklopfen, hoher Blutdruck
- Ohnmachtsgefühle

Auf Dauer führt das auch zu:

- Erschöpfung
- Kraftlosigkeit
- Gefühl der geistigen Leere
- Apathie
- „abwesend" sein
- „herabgestimmt" sein,
- chronischen Schmerzen (ohne unmittelbare Ursachen)
- auch Depression oder Burn out kann mitunter auf diese Ursachen zurückgeführt werden

Das sind - neben anderen - die Symptome von „**Trauma**".

Viele Menschen mit Trauma fühlen sich gänzlich oder in einzelnen Körperteilen wie „betäubt", „versteinert", „eingefroren" oder schildern von sich, sie wären „wie eingerostet".

Es fühlt sich für manche auch an wie „mit einem Bein auf dem Gaspedal – und mit dem anderen auf der Bremse".
Und: natürlich können auch unsere Emotionen wie eingefroren, betäubt oder versteinert sein!

Was ist ein „Trauma"?

Trauma ist also **nicht** ein zu intensives Ereignis an sich,
sondern die **Reaktion** des Körpers auf dieses Ereignis.

Trauma steckt nicht im Ereignis, sondern im Nervensystem des Menschen!

Zum Trauma wird anhaltender oder plötzlicher Stress erst, wenn der Körper in der Folgezeit **nicht ausreichend Gelegenheit** erhält, die mobilisierte und angestaute Energie zu verbrauchen, zu verarbeiten.

Verarbeiten sollte hier nicht verwechselt werden mit psychotherapeutischen Interventionen, mit „gedanklich verarbeiten". Es bedeutet in diesem Zusammenhang vielmehr die körperliche Spannung in Bewegung zu bringen, den Körper „arbeiten", ihn seine angestaute Energie verbrauchen zu lassen.

Es soll auch nicht verwechselt werden mit dem häufig zu beobachtenden exzessiven Sporttreiben, Arbeiten oder anderen Ausgleichshandlungen.
Diese Ersatzhandlungen bringen oft kurzzeitig eine Erleichterung und können unter bestimmten Voraussetzungen – weil sie immer wiederholt werden müssen - auch in ein süchtiges, abhängiges Verhalten übergehen.

Um die gebundene Energie wirklich angemessen verarbeiten zu können, muss der Körper die Erlaubnis bekommen, genau diejenigen **Bewegungen** machen zu dürfen, die dieser **Körper** (nicht der Verstand!) in **diesem Augenblick** machen will.
Das kann ein unwillkürliches Zittern, ein Abschütteln der Anspannung sein oder tiefes Atmen.
Auch Weinen, Seufzen, Lachen, Gähnen, oder Sich-strecken ist möglich und erlaubt - eben all das, wonach dir bzw. deinem Körper in der jeweiligen Situation zumute ist!

Der Körper trägt die Last

Bis zur Entladung trägt der Körper die Last des Traumas, denn er muss die immense Energie (aus)halten.

Das Körpergedächtnis arbeitet jedoch zuverlässig sodass wir uns darauf verlassen können.
Der Körper weiß genau, was er braucht.

Auf diese Weisheit zu achten, kann man lernen!

Das benötigt natürlich anfangs Übung, denn wir sind nicht routiniert in der **folgerichtigen Einschätzung** dieser Vorgänge.
Häufig verwechseln wir gedankliche Wünsche oder Gewohnheiten mit den oben genannten einfachen Regungen und Bedürfnissen des Körpers.

Daher ist es hilfreich, sich jemandem anzuvertrauen, der diese Abläufe und die erforderlichen Erklärungen dazu bereits selbst ausführlich erfahren hat und deshalb gut kennt.

Zwischendurch: „Übung" Boden spüren, Gleichgewicht wahrnehmen

Vielleicht möchtest du jetzt einmal aufstehen und spüren,

- wie du am Boden stehst?
- wie sich deine Füße, deine Fußsohlen anfühlen?
(sind sie kalt, warm, haben sie guten Kontakt zum Boden?)
- wie sich der restliche Körper anfühlt: Die Beine, das Becken, der Rücken etc.

Wie fühlt es sich an, wenn du

- die Füße ganz zusammenstellst…?
- …oder im Gegenteil: breitbeinig stehst?
- Und vielleicht noch die Hände in die Hüften stemmst?

Probiere die verschiedenen Haltungen doch einfach einmal aus!

Und dann finde eine Position für deine Füße, die dir angenehm ist.

Wie ist es, wenn du dein Gewicht von einem Bein auf das andere verlagerst?

Vielleicht dabei ein Bein vom Boden hebst?
Und dann das andere?

Hast du Lust darauf, in den Knien zu federn? … die Hüften zu schwingen?

Oder ist dir nach Hopsen? … oder… Stampfen?

Wenn du es ausprobierst, merkst du, dass viele der angeblich „nutzlosen" kindlichen Tätigkeiten herrlich sind!
Sie sind lustig, sie lassen unser Blut wieder zirkulieren
– und bringen damit alle Kräfte in unserem Körper in Schwung.
Und so natürlich auch unsere Gefühle.

Erinnere dich: Was hast du als Kind am liebsten gemacht?
Was hat dir richtig Spaß und Freude bereitet?

Es darf auch gelacht (und natürlich auch geweint!) werden…

Hier entlang!

Der Weg zur Lösung ist es, dem **Körper** Stück für Stück die Erlaubnis zu geben, das zu machen, wonach ihm **jetzt** gerade ist.
Das ist oft gar nicht so leicht - eben, weil es ungewohnt ist. Es ist uns nicht geläufig.

Verständlich: Wer von uns wurde ermutigt, sich zu strecken, wenn ihm danach war?
Wie oft haben wir schon ein Gähnen unterdrückt oder ein Seufzen, weil unser Gegenüber das vermutlich missbilligt oder sich sorgen würde – oder ganz einfach, weil „man" es nicht macht?
In wie vielen Situationen haben wir unseren Emotionen deshalb nicht nachgegeben, ja nicht nachgeben können?

Für manche mag es das erste Mal in ihrem Leben sein, dass sie ermuntert werden, auf diese Bedürfnisse ihres Körpers zu hören – und sie zu erfüllen.

Wie du oben gesehen hast, haben wir viele Sätze und Verhaltensweisen verinnerlicht, die **unbewusst und unbeabsichtigt** unsere Befreiung von Spannungen blockieren.

Entspannen ist eigentlich eine einfache Sache. Jedes Tier kann es instinktiv.
Doch gerade, weil es so einfach und instinktiv ist, tun wir vernunftbegabten Menschen uns oft so unheimlich schwer damit.

Zum Entspannen brauchen wir eine wohlwollende Umgebung.
Am besten eine, die absolut wertfrei ist und sich deshalb sicher anfühlt.

Vergleichbar ist das mit Lesen-Lernen oder Radfahren-Lernen.
Das geht auch nicht gut mit Leistungsdruck!

Jeder, der diese und ähnliche Lern-Schritte selbst gemacht hat, weiß, wie holprig es sich anfangs anfühlt, und wie unsicher einen das macht.
Deshalb hilft es uns ungemein, jemanden als Helfer, als „Komplizen" zu haben.

Unterstützung suchen...

Ebenso wie man das Autofahren mit der Sicherheit eines erfahrenen Fahrlehrers und eines zweiten Spiegels, einer zweiten Bremse lernt, solltest du dich nicht scheuen, die Hilfe eines erfahrenen, in „Somatic Experiencing - SE ®" (aus dem Amerikanischen: „Körper Erleben") ausgebildeten „Praktikers" in Anspruch zu nehmen. Erlaube es dir, denn du bist wichtig!

Im Anhang findest du Internet-Seiten mit Therapeuten-Listen. Wenn du meinst, traumatisiert zu sein, ist es besonders wichtig, dass du dir Begleitung suchst. Denke daran, dass es immer starke Energien sind, die mit heftigen Erlebnissen einhergehen.

Er oder sie hat Erfahrung mit Gas und Bremspedal des Körpers, mit den „Hinweisschildern" der Umgebung – mit allem, was man anfangs übersehen kann, weil man mit dem eigentlichen Lernen so beschäftigt ist. Mit seiner Hilfe und dem behaglichen Ort, den er oder sie dir zur Verfügung stellt, ist das „Sich-selbst-kennenlernen" eine unglaubliche Bereicherung!

Wenn du deinem Körper die Erlaubnis gibst und ihn eine angenehme, sichere Umgebung erfahren lässt, wird er seinem Bedürfnis nachgeben: Er wird immer mehr anfangen, sich zu recken, zu strecken oder zu gähnen, manchmal wird er etwas abschütteln, zittern oder schaudern...

Auf diesem behutsamen Weg wird es möglich, auch in größeren Bewegungsabläufen mit einem blockierten Nervensystem wieder in Balance zu kommen.

So nimmt Deine Resilienz, deine Ausgleichsfähigkeit zu und du gelangst wieder in den Fluss des Lebens zurück: Ein Fluss, der dich trägt!

Das schöne dabei ist: Du erlernst auf diesem Weg Tätigkeiten, die sich unbewusst ins Leben einbauen. Ebenso wie Rad- oder Autofahren und Lesen oder Schreiben irgendwann wie automatisch funktionieren, lernst du - wie selbstverständlich - immer besser mit dir selbst und deinen Herausforderungen umzugehen.

So kann der Körper langsam auch alte Spannungen abbauen.
Die bestehenden Symptome können sich verringern und auflösen.

Gleichzeitig erweiterst du dein Repertoire, in Zukunft auf mögliche Belastungen zu reagieren.
Und das nicht nur mit dem Verstand, sondern vor allem mit dem Körper.
Denn er ist es ja schließlich, der alle Handlungen – auch die unscheinbarsten - ausführt.

Was kannst du jetzt sofort schon tun?

Warum werden wildlebende Tiere – im Gegensatz zum Menschen – nicht traumatisiert?
Und das, obwohl sie tagtäglich und vielleicht sogar täglich mehrfach lebensbedrohlichen Situationen ausgesetzt sind?

Wir können uns diese Fragen stellen und dann Tiere beobachten (oder dazu die Erinnerung zu Hilfe nehmen).

Sehr eindrücklich ist uns das Beobachten bei Katzen möglich, weil sie mit uns Menschen leben, sich aber dennoch nicht domestizieren lassen.

Was können wir von Tieren lernen?

- uns zu strecken, zu räkeln (und wieder… und wieder…)
- zu gähnen
- zu seufzen
- spontane tiefe Atemzüge zu machen
- uns weniger von anderen gängeln zu lassen,
- Grenzen zu setzen (wie lange lässt sich eine Katze streicheln, wenn sie das nicht mag? …und was macht sie dann?)

Und so weiter…
überlege selbst, was dir noch dazu einfällt!

Alle diese einfachen Tätigkeiten helfen dem Körper, aus einer Starre „aufzutauen", aus einer „Versteinerung" zu erwachen.

Aber natürlich sind wir keine Tiere!

Wir können darüber hinaus anfangen, uns immer mehr und mehr auch andere
– zutiefst menschliche - Regungen zu erlauben. Das ist nicht immer selbstverständlich:

- weinen, wenn wir traurig sind
- lachen, wenn wir etwas lustig finden
- aus ganzem Herzen seufzen
- summen, brummen
- juchzen, wenn uns danach ist
- uns selber einmal berühren, streiche(l)n, anfassen („aufwecken, auftauen")

Wir können auch mal wieder kindliches (kindisches?) Verhalten ausprobieren

- kichern,
- hüpfen,
- hopserlaufen,
- schnauben,
- prusten,
- mit den Füßen stampfen
- Grimassen schneiden: Stirn runzeln, Zunge herausstrecken, Schmollmund machen… oder
- schmollen!

Oder wie wär es mit…. spielen?

Zeit „einbauen"

Apropos Spielen: Wer sehnt sich nicht danach, **Zeit zu haben** und einfach zu **leben**?
Sich Zeit lassen oder sie auch einmal ganz vergessen zu können?

Sich Zeit lassen zu können ist eine sehr wichtige Fähigkeit.
Eine Fähigkeit, die uns im hektischen Alltag oft abhanden kommt und uns deshalb schwer fällt.
Erst sie öffnet uns Türen, die uns sonst verschlossen bleiben.

Wenn du dir einige Augenblicke Zeit gibst fürs Gähnen, Grimassen schneiden und Räkeln,
wirst du vielleicht bemerken, dass der Körper diese angenehmen Handlungen ausbaut.

Achtsames in sich hinein**spüren** (nicht hinein**denken**) ist ein Schlüssel zum Abbau von Spannung
und zum Kennenlernen unserer Körperfunktionen.

Das achtsame Hineindenken ist auch wichtig und kann uns helfen.

Aber das Spüren – und das **behutsame Tun** - wird oft vernachlässigt.
Mit fatalen Folgen.
Deshalb gibt es dieses Büchlein.

Denk bitte daran: Schreiben und Lesen oder Rechnen hat **niemand** durch das Hören eines Vortrages
gelernt. Oder Autofahren oder Radfahren durch das Lesen eines Buches.

Ebenso wenig klappt das mit dem Wieder-Erlernen unserer uralten, instinktiven Fähigkeiten der
(Trauma-) Heilung. So arbeitet unser Stammhirn nicht. Auch nicht das limbische System.

Unser Stammhirn (und unser Körper) lernt am besten durch behutsames, achtsames Tun:
Es „versteht" Bewegungen und es braucht Zeit.

Lernen ist ein Prozess.

Ressourcen finden...

Über diese „tierischen" und kindlichen Fähigkeiten und das sich Zeit nehmen hinaus hilft uns das Ressourcen finden.

Kennst du Janoschs kleinen Tiger und kleinen Bär?
Die beiden hatten alles, was das Herz begehrte.
Für die täglichen Bedürfnisse ging der Bär angeln und
der kleine Tiger ging in den Wald. Pilze finden.

Er ging nicht Pilze **suchen** – sondern Pilze **finden**.

So ähnlich können wir es auch mit unseren Ressourcen machen.
Unsere Ressourcen sind da ...
Machen wir uns also auf, die Ressourcen zu finden – und zu ernten!

Wenn du Lust hast, mache es dir gemütlich, hol dir etwas zu schreiben und beantworte dir folgende Fragen:

- An was erinnere ich mich gerne?
    - ➤ Was war daran so schön?

- Was mache ich gerne?
    - ➤ Warum mache ich es gerne?
      (habe ich endlich einmal Zeit, behagt mir die Tätigkeit körperlich, kann ich es gut, ist die Umgebung schön ... etc.)

- Wo halte ich mich gerne auf, wo lebe ich gerne?
    - ➤ Was tut mir an diesem Ort gut?

Schwieriger kann das Beantworten folgender Fragen sein (dann überlies sie doch erst einmal):

- Was kann ich gut?
    - ➤ Warum kann ich es gut? (bin ich geschickt, macht es mir Spaß?...etc.)

- Mit welchen Menschen verbringe ich gerne meine Zeit?

... und zur neuen Er-fahrung werden lassen

Ressourcen zu sammeln kann sehr schön sein und uns ungemein bereichern.
Manchmal ist es aber auch schwer, weil wir uns dadurch natürlich auch an unsere Defizite erinnern.
An das, was im Leben schwer ist oder schwer war.

Deshalb solltest du dir auch damit wieder Zeit lassen und einen möglichen Widerstand ernst nehmen!
Dieser Widerstand beschützte dich in der Vergangenheit und macht das oft auch heute noch.

Jedes Mal jedoch, wenn du dich ein wenig auf einen wohlwollenden Blick auf dein Leben einlassen kannst, erkennst du die Reichtümer deines Lebens!
Wenn du dann noch beobachtest, was das Er-innern deiner Ressourcen mit dir macht, eroberst du dir neue **Erfahrungen**.

Du erkundest bislang unbewusste, unkartierte weiße Flecken deiner inneren Landschaft.
Du machst dich sozusagen auf zu neuen Ufern und eroberst... dich selbst!
So wirst du mehr und mehr „Herr" oder „Frau" deines eigenen inneren Kontinents!

Zur Erfahrung wird eine **schöne Ressource**, wenn wir die Verstandesfunktion unseres Nervensystems nutzen und damit im restlichen Nervensystem gänzlich neue - manchmal auch bestehende aber bislang noch un-bewusste – Verbindungen und Verknüpfungen entwickeln!

Kannst du dich an die unzähligen Synapsen der Nervenzellen erinnern, die sich verändern je nachdem, was du mit deinem Körper machst? Von diesen Verbindungen ist hier die Rede!

Wir entwickeln neue bereichernde Verknüpfungen, indem wir **schöne, angenehme** Sinneseindrücke (Hör-, Fühl- oder Spürbilder) aus unserer Erinnerung ganz **bewusst verbinden** mit

- unseren Emotionen,
- unserem Verhalten - bewussten und unbewussten Bewegungen und
- unseren Empfindungen

Wichtig dabei ist auch, dass wir diesem „sich Verbinden" in unserem Inneren auch die Zeit lassen, die es braucht.

Zwischendurch: „Übung" Ankommen, sich orientieren, Atmen wahrnehmen

Nimm wahr, wo du dich jetzt im Augenblick befindest.
Was siehst du gerade JETZT? Was hörst du gerade JETZT?

Sitzt du?

Hast du eine Lehne – oder etwas anderes zum Anlehnen – im Rücken?
Wie fühlt sich diese Lehne an?
Ist sie warm oder kalt? Hart oder weich? Angenehm oder unangenehm?

Nimmst du deine Füße wahr?
Hast du Boden unter den Füßen?
Wie ist der Kontakt zum Boden? Deutlich oder weniger deutlich?
Wie fühlt sich der Boden an?
Ist er warm oder kalt – oder etwas dazwischen? Ist es angenehm?

Wenn du liegst:

Wo hat dein Körper Kontakt mit der Unterlage, mit einem Kissen etc.?
Wie fühlt sich dieser Kontakt an?

Wie ist deine Atmung?

Bitte beobachte deine Atemzüge OHNE Wertung und ohne sie verändern zu wollen.
Nimm sie einfach wahr. Lass dir Zeit.

Atmest du eher schnell – oder langsam?
Kann die Atmung fließen oder stockt sie irgendwo?

Wohin breitet sich deine Atmung aus – bis wohin bewegen dich deine Atemzüge:
Bis in den Bauch? Bis in den Rücken, ins Becken, in den Nacken?
(Es ist in Ordnung, so wie es jetzt ist!)

Und dann spür wieder den Kontakt zum Boden, zur Sitz- oder Liegefläche, zur Rückenlehne.

Und nimm wieder wahr, wo du dich im Augenblick befindest: was siehst du jetzt, was hörst du jetzt?

Achtsam sein

Leider erfolgt diese Verankerung des Erlebten nicht nur bei den angenehmen Dingen des Lebens. Sie geschah auch bei unangenehmen oder überwältigenden Erlebnissen in unserer Vergangenheit. Hierbei entstanden sogar überstarke unbewusste Verbindungen, sogenannte „Kopplungen".

Sich an ein unangenehmes Geschehen zu erinnern ist für den Körper beinahe so, als ob er es in diesem Augenblick wieder erleben würde – häufig sogar mit gleichen oder ähnlichen vegetativen Reaktionen: Erregung, Herzklopfen, Schweißausbrüche, sich zusammenziehen etc.

Das Erlebte hat vielleicht „damals und dort" bereits diese Reaktionen hervorgerufen. Wurde die mobilisierte Energie in der Zwischenzeit nicht entladen, werden bei jeder (bewussten oder unbewussten) Erinnerung an das Geschehene die entwickelten Verknüpfungen wieder aktiviert.

So werden problematische Kopplungen im Nervensystem mit jedem Erzählen, mit jedem bewussten Sich-Erinnern verstärkt.
**Deshalb ist es nicht zwangsläufig gut, über Belastendes oder Überwältigendes zu sprechen.
Im Gegenteil.**

Denn: Wird ein in der Vergangenheit überwältigendes Erlebnis heute wieder als überfordernd erlebt, kann es zu einer sogenannten Re-Traumatisierung (erneute Traumatisierung) kommen.
Dies ist ein sehr belastendes Geschehen.

Eine Re-Traumatisierung kann und sollte gewissenhaft vermieden werden!

Deshalb solltest du

- achtsam und in klein(st)en Schritten vorgehen (Pausen machen S. 6, „Zeit einbauen" S. 36, 42)
- Widerstände (= ganz persönliche Grenzen) wahrnehmen und ernst nehmen
- lösungs-orientiert handeln (beschriebene „Übungen" in den Alltag einbauen - S. 15, 22, 31, 39, Ressourcen finden und verankern - S. 37, 38, 41, 43)
- dich im „Hier und Jetzt" orientieren (s. S. 39 und 43) und
- und dir Ent-ladungen ermöglichen und erlauben (auch die kleinsten und unscheinbarsten)

Das alles führt mit der Zeit zur Stärkung der Erfahrung von „JA! Ich kann...".
Und wie bereits angesprochen: oft ist Unterstützung - ein Komplize - eine sehr starke Ressource!
Manche Dinge kann man nicht alleine machen.

Ganz sein erleben

Durch das bewusste Verbinden der „Anteile" unseres drei-einigen Gehirns (Instinkt, Gefühle, rationales Denken) erleben wir unsere Ganzheit. Das hört sich irgendwie hochtrabend an – aber eigentlich ist es das wohlige Gewahrsein, **jetzt hier** zu sein: Zur richtigen Zeit am richtigen Ort.

Die entsprechenden Gefühle stellen sich auch ein: Erleichterung, vielleicht Freude, Zufriedenheit …
Auf diesem Weg erfahren wir, wie uns unsere schönen Erinnerungen stärken.

Das geschieht, indem wir zwischen den „Anteilen" pendeln:
Wir verbinden bewusstes „Erinnern", Denken, Fühlen, Spüren und (instinktives, unbewusstes) Bewegen mit achtsamem Handeln.

Erinnerst du dich z. B. an einen schönen Sonnenuntergang, herrliche Musik, einen strahlend blauen Himmel – oder einen Pulverschnee-Hang, beruhigendes Meeresrauschen…?
Spürst du noch das weiche Moos unter deinen Füßen, die warme Sonne auf der Haut, die helfende Hand oder die angenehme Berührung von damals?

Was passiert dann?
Lässt dich diese Erinnerung lächeln - oder sogar lachen? Seufzen? Weinen vor Erleichterung?
Oder wirst du ruhig, vertieft sich dein Atem?
> ➤ Verhalten

Was geschieht noch?
Wird dir warm, bekommst du Schmetterlinge im Bauch oder eine Gänsehaut?
> ➤ Empfindungen

Freust du dich über die Erinnerungen?
Bist du auch im Nachhinein noch beglückt… erleichtert…?
> ➤ Emotionen

Möchtest du dich Räkeln, Trällern oder vielleicht sogar Tanzen? Springen?
> ➤ Bewusstes Handeln

Und so schließt sich der Zyklus und kann gleichzeitig wieder neu beginnen…

Wenn du Lust hast, kannst du es ja ausprobieren.

Wieder: Zeit lassen…

Es kann sein, dass du beim Ausprobieren zu viel willst oder übermütig wirst.
Dann ist es gut, wenn du dich wieder ein wenig übst im „Geschwindigkeit herausnehmen".
Denn manchmal tut ja Übermut nicht gut… (auch das kennen wir doch noch unangenehm aus unserer Kindheit…).

So wie Erwachsene manchmal achtsam, manchmal auch bestimmt übermütige Kinder verlangsamen oder zurückhalten (müssen), damit sie sich nicht überfordern oder verletzen, ist es zweckmäßig, dass auch wir Erwachsene unseren eigenen heutigen Überschwang – auch im schönsten Tun - manchmal ein wenig zügeln, um uns nicht zu überfordern.

Doch aufgeschoben ist nicht aufgehoben, denn wir wissen:
Lesen und Schreiben oder Autofahren hat niemand an einem Tag gelernt.

Bitte lass dir deshalb auch für diesen Prozess alle Zeit, die du brauchst:
Weniger ist mehr!

Du kommst entspannter – und oft auch schneller, ohne Umwege - an dein Ziel, wenn du achtsam und bedächtig deine Schritte machst.

Verteidige dein „Zeit lassen" gegenüber dem ungeduldigen Verstand…
… auch gegenüber der Ungeduld anderer Menschen!

Ein bisschen ähnelt dieses neuartige Kennenlernen unseres Nervensystems auch dem Gehen oder Sprechen lernen.

Es ist wie die eigene Körpersprache verstehen und bewusst einsetzen lernen.

… und deshalb sicher ankommen.

Denk daran: Egal, was in deinem Leben war, du bist **jetzt hier** und liest diese Zeilen!

Du hast also **alle** Fähigkeiten und Ressourcen in dir und um dich, die du benötigt hast.
Du hast deinen Lebensweg trotz aller Schwierigkeiten, die er bereithielt, bis hierher geschafft.
Du hast es geschafft!

Nun sind wir am erstmaligen Ziel unserer heutigen Reise angelangt.
Wir sind wieder im „Hier und Jetzt" angekommen.

Nimmst du es wahr, wie du auf deinem Stuhl, in deinem Sessel sitzt?
Hast du deinen Rücken angelehnt, die Füße auf dem Boden?

Vielleicht kannst du es sogar genießen?

Und vielleicht möchtest du dich auch irgendwann einmal weiter aufmachen um **deine ureigene Reise fortzusetzen**: Eine Reise, bei der du die Kraft, Tiefe und Freude, die in dir steckt, wiederfinden kannst.

Dieses Büchlein wird dir dabei ein treuer Begleiter sein.
Nimm es immer wieder zur Hand.
Denn wahrscheinlich wirst du jedes Mal wieder etwas „Neues" entdecken, das du für dein Leben nutzen kannst!

Ich wünsche dir dabei viel Freude – lass es dir gut gehen!

Herzlich,
Elisabeth Koch

Was vor uns liegt und was hinter uns liegt,
ist nichts im Vergleich zu dem, was in uns liegt.
Und wenn wir das, was in uns liegt,
nach außen in die Welt tragen,
geschehen Wunder.

H.D. Thoreau

Unsere tiefste Angst ist nicht,
dass wir unzulänglich sind.
Unsere tiefste Angst ist,
dass wir unermesslich machtvoll sind.
Es ist unser Licht, das wir fürchten,
nicht unsere Dunkelheit.
Wir fragen uns:
„Wer bin ich denn eigentlich,
dass ich leuchtend, hinreißend, begnadet und fantastisch sein darf?"
Ich aber frage dich: Wer bist du denn, es nicht zu sein?
Du bist ein Kind Gottes.
Wenn du dich klein machst, dient das der Welt nicht.
Es hat nichts mit Erleuchtung zu tun,
wenn du schrumpfst, damit andere um dich herum
sich nicht verunsichert fühlen.
Wir wurden geboren, um die Herrlichkeit Gottes
zu verwirklichen, die in uns ist.
Sie ist nicht nur in einigen von uns,
sie ist in jedem Menschen.
Und wenn wir unser eigenes Licht erstrahlen lassen,
geben wir unbewusst anderen Menschen die Erlaubnis,
dasselbe zu tun.
Wenn wir uns von unserer eigenen Angst befreit haben,
wird unsere Gegenwart ohne unser Zutun andere befreien.

Nelson Mandela
ehem. Staatspräsident Südafrika in seiner Antrittsrede 1992 zitiert Marianne Williamsen

Zum Weiterlesen:

Dr. Peter A. Levine:	Vom Trauma befreien, Kösel Verlag (2011)
	Trauma-Heilung - Das Erwachen des Tigers, Synthesis Verlag (1999)
	Sprache ohne Worte – Wie unser Körper Trauma verarbeitet und uns in die innere Balance zurückführt, Kösel Verlag (2011)
	Trauma und Gedächtnis, Kösel Verlag (2016)
zus. mit Maggie Kline:	Verwundete Kinderseelen heilen (2005)
	Kinder vor seelischen Verletzungen schützen (2010)
	beide Kösel-Verlag
zus. mit Maggie Phillips:	Vom Schmerz befreit, Kösel (2013)
Dr. Max Otto Bruker:	Lebensbedingte Krankheiten, emu Verlag (2011)
Prof. Dr. Gerald Hüther:	Bedienungsanleitung für ein menschliches Gehirn (2013)
	Die Macht der inneren Bilder (2014)
	Biologie der Angst (2014), alle: Vandenhoeck & Ruprecht Verlag
Dr. Isa Grüber:	Was der Körper zu sagen hat, südwest Verlag (2013)
Jaqueline Schneider	Alles ist wieder gut, Eigenverlag
Prof. Dr. Luise Reddemann:	Imagination als heilsame Kraft, (2007)
	Traumatherapie PITT – Das Manual, beide Klett-Cotta Verlag (2011)
	Eine Reise von 1000 Meilen, Herder spektrum (2007)
zus. mit Dr. Cornelia Dehner-Rau:	Trauma – Folgen erkennen, überwinden und an ihnen wachsen, Trias Verlag (2007)
Prof. Dr. Michaela Huber:	Der innere Garten, Junfermann-Verlag (2010)
Prof. Ph. D. Stephen W. Porges:	Die Polyvagal-Theorie, Junfermann (2010)
Babette Rothschild:	Der Körper erinnert sich, Synthesis Verlag (2011)
Julie Henderson:	Embodying, Well-Being, AJZ Druck & Verlag (2012)
Bettina Alberti:	Seelische Trümmer, Kösel Verlag (2010)

Im Internet (Beschreibung der Methode „Somatic Experiencing ®" und Therapeuten-Liste):
www.somatic-experiencing.de
www.somaticexperiencing.at

außerdem:
www.traumahealing.org

Die Youtube-Videos sind unter dem jeweils genannten Titel zu finden.

Danksagung

Ich danke von Herzen meiner wundervollen Familie!

Außerdem danke ich meinen Lehrern:
Dr. med. M. O. Bruker
Er brachte mir als erster unser vegetatives System und seine Funktionsweise nahe.
Ina Konrad-Schiener
Sie ermöglichte mir den bewussten Kontakt zu MEINEM Vegetativum – bis heute.
Itta Wiedenmann
Von ihr lernte ich die ersten theoretischen Zusammenhänge und die praktische Umsetzung.
Seither darf ich Somatic Experiencing von vielen Ärzten, Psychotherapeuten und Körpertherapeuten lernen.
Unter ihnen danke ich natürlich ganz besonders
Dr. Peter A. Levine
Für seinen Spürsinn und die unerschütterliche Beharrlichkeit, die es uns SE-Praktikern heute ermöglicht, mit dieser außergewöhnlichen Methode zu arbeiten und zu wachsen!

„Wenn der Schüler bereit ist, erscheint der Lehrer" - chinesische Weisheit

Deine Notizen:

Wichtiger Hinweis:

Dies ist keine wissenschaftliche Arbeit, sondern ein Praxisratgeber. Er dient dem Verständnis grundlegender Zusammenhänge, der Alltagsbewältigung und Selbstfürsorge.
Natürlich kann dieser Ratgeber die Diagnose und Therapie durch einen Arzt, Heilpraktiker oder Psychotherapeuten nicht ersetzen.
Die vorgestellten Übungen sind zur Ergänzung und Unterstützung gedacht.
Wenn sich Traumasymptome zeigen, empfehle ich, kompetente professionelle Hilfe in Anspruch nehmen.

Geschützte Warennamen (Warenzeichen) sind nicht immer besonders kenntlich gemacht.
Aus dem Fehlen eines solchen Hinweises kann nicht geschlossen werden, dass es sich um einen freien Warennamen handelt.
Ich übernehme keine Garantie oder Haftung für Personen-, Sach- oder Vermögensschäden.

Bibliografische Information der Deutschen Nationalbibliothek
Die Deutsche Nationalbibliothek verzeichnet diese Publikation in der Deutschen Nationalbibliografie, detaillierte bibliografische Daten sind im Internet über http://dnb.dnb.de abrufbar.

Impressum

© 2017 Elisabeth Maria Koch, www.natuerlicheheilweisen.de
Umschlaggestaltung, Illustration: GrafikDesign Posavec , www.grafikdesign-traunstein.de
Herstellung und Verlag: BoD - Books on Demand, Norderstedt

Das Werk, einschließlich seiner Teile, ist urheberrechtlich geschützt. Jede Verwertung ist ohne Zustimmung des Autors unzulässig und strafbar. Dies gilt insbesondere für die elektronische oder sonstige Vervielfältigung, Übersetzung, Verbreitung und öffentliche Zugänglichmachung.
Externe Links konnten nur bis zur Drucklegung eingesehen werden.
Auf eine Veränderung dieser Links habe ich keinen Einfluss.

ISBN 978-3-7431-8092-5